AF547707

GRöLS
Verlage

„Bücher sind wie Fallschirme. Sie nützen uns nichts, wenn wir sie nicht öffnen."

Gröls Verlag

Redaktionelle Hinweise und Impressum

Das vorliegende Werk wurde zugunsten der Authentizität sehr zurückhaltend bearbeitet. So wurden etwa ursprüngliche Rechtschreibfehler *nicht* systematisch behoben, denn kleine Unvollkommenheiten machen das Buch – wie im Übrigen den Menschen – erst authentisch. Mitunter wurden jedoch zum Beispiel Absätze behutsam neu getrennt, um den Lesefluss zu erleichtern.

Um die Texte zu rekonstruieren, werden antiquarische Bücher von Lesegeräten gescannt und dann durch eine Software lesbar gemacht. Der so entstandene Text wird von Menschen gegengelesen und korrigiert – hierbei treten auch Fehler auf. Wenn Sie ebenfalls antiquarische Texte einreichen möchten, finden Sie weitere Informationen auf www.groels.de

Viel Freude bei der Lektüre wünscht Ihnen das Team des Gröls-Verlags.

Adressen
Verleger: Sophia Gröls, Im Borngrund 26, 61440 Oberursel
Externer Dienstleister für Distribution & Herstellung: BoD, In de Tarpen 42, 22848 Norderstedt

Unsere „Edition | Kleine Klassiker“ versammelt über hundert unbestrittene Klassiker der Weltliteratur in einem ästhetisch anspruchsvollen und handlichen Format.

Die Gröls-Klassiker-Editionen gehören heute mit ungefähr tausend Werken zu den größten Sammlungen klassischer Literatur im deutschen Sprachraum. Wir kultivieren und kuratieren damit einen der wertvollsten Bereiche der abendländischen Kultur. Kleine Auswahl:

Francis Bacon • Neues Organon • **Balzac** • Glanz und Elend der Kurtisanen • **Joachim H. Campe** • Robinson der Jüngere • **Dante Alighieri** • Die Göttliche Komödie • **Daniel Defoe** • Robinson Crusoe • **Charles Dickens** • Oliver Twist • **Denis Diderot** • Jacques der Fatalist • **Fjodor Dostojewski** • Schuld und Sühne • **Arthur Conan Doyle** • Der Hund von Baskerville • **Elisabeth von Österreich** • Das Poetische Tagebuch • **Friedrich Engels** • Die Lage der arbeitenden Klasse • **Ludwig Feuerbach** • Das Wesen des Christentums • **Fitzgerald** • Zärtlich ist die Nacht • **Flaubert** • Madame Bovary • **Theodor Fontane** • Effi Briest • **Robert Musil** • Über die Dummheit • **Edgar Wallace** • Der Frosch mit der Maske • **Jakob Wassermann** • Der Fall Maurizius • **Oscar Wilde** • Das Bildnis des Dorian Grey •

Mark Twain • Huckleberry Finns Abenteuer und Fahrten • **Anton Tschechow** • Die Möwe • **Ludwig Tieck** • Der gestiefelte Kater • **Feuerbach** • Das Wesen des Christentums • **Fitzgerald** • Zärtlich ist die Nacht • **Flaubert** • Madame Bovary • **Theodor Fontane** • Effi Briest • **Robert Musil** • Über die Dummheit • **Edgar Wallace** • Der Frosch mit der Maske • **Jakob Wassermann** • Der Fall Maurizius • **Oscar Wilde** • Das Bildnis des Dorian Grey • **Mark Twain** • Huckleberry Finns Abenteuer und Fahrten • **Anton Tschechow** • Die Möwe • **Ludwig Tieck** • Der gestiefelte Kater • **Jonathan Swift** • Gullivers Reisen • **Robert Louis Stevenson** • Die Schatzinsel • **William Shakespeare** • Othello • **Arthur Schopenhauer** • Die Kunst, Recht zu behalten • **Felix Salten** • Bambi • **Platon** • Der Staat • **Arthur Schnitzler** • Traumnovelle • **Friedrich Schiller** • Wilhelm Tell • **Karl May** • Winnetou • **Franz Kafka** • Der Prozeß • Platon • Verteidigungsrede • **Jules Verne** • Reise nachdem Mittelpunkt der Erde • **Leo Tolstoi** • Auferstehung • **August Strindberg** • Inferno • **Julius Stinde** • Familie Buchholz • **Wilhelm Raabe** • Die schwarze Galeere • **Friedrich Nietzsche** • Götzendämmerung • **Gotthold Ephraim Lessing** • Emilia Galotti *und viele weitere Werke….*

Friedrich II. von Preußen

Der Antimachiavell

Inhalt

Friedrich der Große. Gemälde von Graff.

Das an den Schandpfahl geheftete Bild Nicolo Machiavellis, des Verfassers des Buches „Über den Fürsten"; der unten rechts stehende Name Federic deutet auf Friedrich, der in dem „Antimachiavell" die Lehren des Florentiners zu widerlegen suchte, und die Jahreszahl 1740 auf den Abschluß dieser Gegenschrift. Erst die

spätere historische Forschung vermochte der Persönlichkeit Machiavellis gerechter zu werden, darauf weisen das Lorbeer- und Eichengewinde und die Jahreszahl 1840, die oberhalb seines Bildes angebracht sind.

Vorwort

Der „Fürst“ von Machiavell bedeutet auf dem Gebiete der Moral, was Spinozas Werk für den Glauben bedeutet: Spinoza untergrub die Grundlagen des Glaubens, indem er nichts Geringeres anstrebte als einen Umsturz des Gebäudes der Religion;

Machiavell pflanzte den Keim des Verderbens in das staatliche Leben und unternahm es, die Vorschriften gesunder Sittlichkeit zu zerstören. Waren die Irrtümer des Einen nur Verirrungen des Denkens, so hatten die des Anderen ihre Bedeutung für das Leben selbst. Und doch! Gegen Spinoza haben die Glaubenshüter Sturm geläutet und zu den Waffen gerufen, sein Buch hat man in aller Form widerlegt, die Gottheit wider seine Angriffe behauptet – Machiavell ward kaum von einigen Moralisten umplänkelt und hat sich, ihnen zum Trotz und trotz seiner verhängnisvollen Lehre, auf dem Lehrstuhl der Staatskunst behauptet bis in unsere Tage.

Ich wage es, die Verteidigung der Menschlichkeit aufzunehmen wider ein Ungeheuer, das sie verderben will.

Von jeher sah ich im „Fürsten“ Machiavells eins der gefährlichsten unter allen Büchern von Weltverbreitung. Naturgemäß wird es den Männern fürstlichen Standes, wird es allen, die Sinn für Fragen der Staatskunst haben, in die Hände fallen; und gehört nur wenig dazu, daß ein junger Mann, von Ehrgeiz beseelt und dabei an Gemüt und Urteil noch zu unfertig, um Gut und Böse zu unterscheiden, durch Grundsätze, die seinen ungestümen Leidenschaften schmeicheln, Schaden nehme, so muß man jedes Buch, von dem dergleichen Wirkung zu erwarten ist, für einen Unsegen, für einen Schädling am Wohle der Menschheit ansehen.

Ist es aber schon schlimm, den arglosen Sinn eines Einzelnen zu verführen, dessen Einwirkung auf das Wohl und Wehe der Welt unerheblich ist, wieviel schlimmer ist es, dem Denken der Fürsten eine verderbliche Richtung zu geben, die berufen sind, Führer der Völker zu sein, Verweser des Rechts, Vorbilder darin für ihre Untertanen, sichtbare Abbilder der Gottheit, die ja erst ihre seelischen Eigenschaften, ihr innerer Wert zu Königen macht, viel mehr als ihre Standeshoheit und ihre Macht.

Die Überschwemmungen, die ganze Landstriche verwüsten, der zündende Blitz, der Städte in Asche wandelt, der Gifthauch der Pest, der Provinzen entvölkert – sie sind der Welt nicht so verhängnisvoll wie die schlechte

Moral, wie die zügellosen Leidenschaften der Könige. Denn wie die Macht, Gutes zu tun, wofern sie dazu gewillt sind, in ihre Hand gegeben ist, gleichermaßen steht es bei ihnen, Böses auszuüben, wenn sie es wollen. Ein Jammer ist es aber um das Los der Völker, alles vom Mißbrauch der Herrschermacht fürchten zu müssen: wenn all ihre Habe der Gier des Fürsten, ihre Freiheit seinen Launen, ihre Ruhe seinem Ehrgeiz, ihre Sicherheit seiner Tücke, ihr Leben seiner Grausamkeit ausgeliefert ist! Wohlan, da haben wir das Bild eines

Reiches unter einem politischen Ungeheuer von jenem Schlage, wie Machiavell es zu züchten sich anheischig macht!

Gesetzt aber meinetwegen, das Gift des Autors fände seinen Weg nicht bis in Throneshöhe – ich behaupte: Solange Machiavell und Cäsar Borgia auch nur einen einzigen Jünger werben können, haben wir allen Grund, solch ein Schandbuch mit Entrüstung abzulehnen.

Mancher hat freilich gemeint, Machiavell habe weniger geschildert, wie es die Fürsten halten sollen, als wie sie es in Wirklichkeit treiben, eine Meinung, die um einer gewissen Wahrscheinlichkeit willen Anklang fand, so daß man es bei solcher Verkehrtheit bewenden ließ, weil sie etwas Bestechendes hatte, und sie immer aufs neue vorbrachte, weil sie einmal ausgesprochen war.

Sei es mir denn vergönnt, die Sache der Fürsten wider ihre Verleumder zu führen, sie von der abscheulichsten Anklage zu reinigen, sie, deren Amt einzig und allein Arbeit zum Wohle der Menschheit ist.

Unzweifelhaft gründen sich derartige Beurteilungen von Fürsten auf das Beispiel des einen oder anderen Herrschers von übler Art, wie Machiavell solche anführt, auf die Geschichte der kleinen italienischen Gewalthaber seiner Tage und das Leben etlicher Tyrannen, die nach solchen bedenklichen Staatslehren verfahren sind. Demgegenüber erinnere ich, daß es in jeglichem Lande anständige Leute und schlimme Gesellen gibt, wie man wohl in jeder Familie neben Wohlgewachsenen Bucklige, Blinde oder Lahme findet; genau so gab es jederzeit und wird es jederzeit unter den Fürsten Mißgeburten geben, unwürdige Träger dieses heiligen Namens. Hinzufügen könnte ich, daß bei der ungeheuren Macht der Versuchung da oben auf dem Throne mehr als landläufiger Menschenwert dazu gehört, um dagegen fest zu bleiben; kein Wunder also, daß man so wenig gute Fürsten findet. So schnellfertige Beurteiler sollten daran denken, daß es neben Gestalten wie Caligula und Tiberius auch Herrscher wie Titus, Trajan und die Antonine gibt; so wäre es denn eine himmelschreiende Ungerechtigkeit, einer Gesamtheit die Sünden von etlichen ihrer Glieder zur Last zu legen.

Möge die Weltgeschichte nur die Namen der guten Fürsten aufbewahren und die der anderen dem Untergange weihen samt ihrer Faulheit und ihrem Unrecht! Was dabei die Bücher der Geschichte an Umfang verlören, gewänne die Sache der Menschheitsveredlung; die Ehre eines Fortlebens in der Erinnerung wäre erst der angemessene Lohn für hohen persönlichen Wert. Das Buch Machiavells vermöchte nicht fürderhin seine vergiftende Wirkung auf die auszuüben, die über Staatsfragen Belehrung suchen; nur Verachtung wäre sein Teil für all die kläglichen Widersprüche, in denen er ständig mit sich selber liegt, und man würde sehen, daß eine echte Staatskunst der Könige auf der Grundlage von Gerechtigkeit und Güte doch etwas anderes ist als jenes zerfahrene Lehrgebäude voller Grauen und Falschheit, das Machiavells Dreistigkeit der Öffentlichkeit zu bieten gewagt hat.

Ursprung der Herrschergewalt

Wer zu klarer Einsicht gelangen will, muß zunächst die Wesensart seines Gegenstandes ergründen, er muß zurückgreifen auf den Ursprung der Erscheinungen, um nach Möglichkeit ihre Anfänge und deren Gesetze zu erkennen; von da aus ist es leicht, ihre Entwicklungsstufen sowie alle denkbaren Folgerungen herzuleiten.

Statt die verschiedenen Arten der Staaten zu beschreiben, wäre es meines Erachtens Machiavells Aufgabe gewesen, dem Ursprung der

Fürsten und der Quelle ihrer Herrschergewalt nachzugehen, zu erörtern, was wohl freie Menschen bestimmen konnte, sich selber Herren zu geben.

Allerdings wunderlich genug hätten sich in einem Werke, das so recht ein Dogmen- und Lehrbuch tyrannischer Ruchlosigkeit abgeben sollte, Betrachtungen ausgenommen, die geeignet gewesen wären, allen Tyrannenrechten den Boden zu entziehen. Es wäre eine harte Zumutung für Machiavell gewesen, ausführen zu müssen: um ihrer Ruhe, um ihrer Erhaltung willen haben es die Völker für nötig befunden, Richter zu haben, die ihren Hader schlichten, Schirmherren, die ihren Besitz wider die Neider decken, Fürsten, die die Interessen aller, so mannigfaltig sie sind, zusammenfassen könnten zu einem Gesamtinteresse, und die Völker haben aus ihrer Mitte die Männer ausgewählt, die sie für die weisesten, gerechtesten, uneigennützigsten, menschlichsten und tapfersten hielten, über sie Herren zu sein und die drückende Last der Geschäfte ihnen abzunehmen.

Also, Wahrung des Rechtes, hätte man ihm vorgehalten, ist demnach eines Herrschers erste Obliegenheit. Über alles soll ihm seiner Völker Wohlfahrt gehen. Ihres Gedeihens oder Behagens Mehrer oder auch Begründer hätte er demnach zu sein. Aber was sollen dann all diese Begriffe Eigennutz, Hoheit, Ehrgeiz, Despotismus? So läuft es darauf hinaus, daß der Herrscher, weit entfernt, der unumschränkte Gebieter über seine Untertanen zu sein, nur ihr erster Diener ist, das Werkzeug ihres Glückes, wie jene das Werkzeug seines Ruhmes. Nein, der Verfasser fühlte wohl: bei einem Eingehen auf Betrachtungen solcher Art war wenig Ehre für ihn zu holen, diese Erörterung konnte höchstens die Zahl der kläglichen Widersprüche mehren, daran seine Staatslehre krankt.

Machiavells Grundsätze widersprechen ebenso gesunden sittlichen Begriffen wie eines Descartes Lehrgebäude dem Newtons. Dem Cartesianischen Wirbel entspricht hier der alles wirkende Eigennutz. Dieses Staatslehrers Grundsätze sind ebenso verderbt, wie die Gedanken jenes

Philosophen oberflächlich. Nichts kommt der Frechheit gleich, mit der dieser Schandpolitiker Anweisung zu den abscheulichsten Verbrechen gibt; ginge es nach ihm, so stünde die empörendste Ungerechtigkeit in allen Ehren, sobald Selbstsucht und Ehrgeiz dahinterstehen. Untertanen sind Hörige, deren Leben und Tod ohne Einschränkung vom Willen des Fürsten abhängen, ungefähr wie die Schafe in der Hand des Züchters, dessen Zwecken ihre Milch und ihre Wolle dient, und der sie auch abschlachten läßt, wenn es ihm paßt.

Meine Aufgabe ist es, jene irrigen und heillosen Grundsätze im einzelnen zu widerlegen. Aber so viel schon hier im allgemeinen: nach meinen Ausführungen über den Ursprung der Fürsten erscheint das Tun eines Usurpators noch empörender, als wenn man nur die Gewalttat als solche im Auge hat: er schlägt eben der Meinung und Absicht der Völker ins Gesicht, die einen Herrn über sich gesetzt haben lediglich, damit er ihnen Schirm und Schutz sei, die nur unter dieser Bedingung sich ihm unterworfen haben! Während, wenn sie dem

Zwingherrn gehorchen, sie damit sich selbst und ihre Habe preisgeben, um die Gier und die Laune eines oft grausamen und immer verabscheuten Tyrannen zu befriedigen.

Es gibt also nur drei Wege, auf rechtmäßige Weise Herr über ein Land zu werden: durch Erbfolge, durch Wahl durch die dazu berechtigten Völker oder durch Eroberungen von feindlichen Provinzen in einem rechtmäßig unternommenen Kriege.

Der Fürst als oberster Kriegsherr

Die Ansichten Machiavells über die Pflichten eines großen Fürsten als Kriegsherrn teile ich durchaus. In der Tat, alles, aber auch alles verpflichtet ihn, die Führung seiner Truppen auf sich zu nehmen und der Erste zu sein in seinem Heere wie in seinem Hoflager. Sein eigener Vorteil, seine Pflicht, sein Ruhm, alles gebietet ihm dies. Er ist das Haupt der strafenden Gerechtigkeit, in gleicher Weise ist er der Schirmherr und der Verteidiger seiner Völker. Die Landesverteidigung ist eine der wichtigsten Aufgaben seines Amtes, aus diesem Grunde darf er sie keinem anderen anvertrauen. Sein Vorteil scheint unabweislich seine persönliche Anwesenheit beim Heere zu erheischen, da alle Befehle von ihm ausgehen und auf diese Weise Gedanke und Tat in der denkbarsten Unmittelbarkeit einander folgen. Außerdem macht die ehrfurchtgebietende Gegenwart des Fürsten allen Reibereien unter den Generalen, die ein Fluch für das Heer, ein fühlbarer Schaden für den Kriegsherrn sind, ein Ende. Sie bringt größere Ordnung in alles, was das

Magazinwesen, die Versorgung mit Munition und allem Kriegsbedarf angeht. Was wäre ohne solche Ordnung Cäsar selbst an der Spitze von 100 000 Streitern? Wo blieben ohne sie seine Erfolge, seine Heldentaten? Der Fürst ist es, der eine Schlacht schlagen läßt; so ist es auch seine Sache, ihren Gang zu bestimmen, durch seine Gegenwart seinen Truppen den Geist zuversichtlicher Kampfesfreudigkeit mitzuteilen; an ihm ist es, zu zeigen, wie der Sieg seine Unternehmungen stetig krönt, wie er das Glück durch Klugheit an sich fesselt, und ein leuchtendes Beispiel ihnen zu geben, wie man furchtlos der Gefahr und selbst dem Tode trotzt, wenn Pflicht, wenn Ehre und unsterblicher Nachruhm es gebieten.

Welch ein Ruhm für einen Fürsten, der mit Gewandtheit, mit Klugheit und tapferem Herzen seine Staaten vor dem Einbruch der Feinde deckt, durch Kühnheit und Geschicklichkeit über alle machtvollen Anschläge der Gegner triumphiert und durch seine Festigkeit, Besonnenheit und durch seine kriegerische Überlegenheit sein gutes Recht glücklich behauptet, das ihm ungerechte Anmaßung bestreiten will!

Alle diese Gründe zusammen, scheint mir, müssen den Fürsten verpflichten, die Führung seiner Truppen selbst zu übernehmen und alle Not und Fährnis, der er sie aussetzt, mit ihnen zu teilen.

Nun wird man einwenden, nicht jeder sei ein geborener Soldat, und viele Fürsten hätten weder das Talent noch die Erfahrung, die zur Führung einer Armee gehören. Das gebe ich freilich zu, doch soll dieser Einwurf mich nicht allzusehr in Verlegenheit setzen. Gewiegte Generale gibt es jederzeit in einem Heere, da hat der Fürst nur deren Ratschläge zu befolgen. Der Krieg wird dann doch immer einen glücklicheren Verlauf nehmen, als wenn der Feldherr von einem Ministerrat bevormundet wird, der, fern der Armee, gar nicht imstande ist, die Kriegslage zu beurteilen, und der oftmals schon dem geschicktesten General jede Möglichkeit benommen hat, zu zeigen, was er kann.

Wege zum Nachruhm

Lärm und Aufsehen in der Welt verursachen und sich Ruhm gewinnen – das ist zweierlei. Die große Masse, ein sehr unberufener Richter darüber, wem Ehre gebühre, läßt sich durch den äußeren Schein alles Großen und Wunderbaren leicht betören und verwechselt gar zu gern gute Taten und außerordentliche, Reichtum und persönliches Verdienst, blendenden Glanz und innere Gediegenheit. Ganz anders der Maßstab, den aufgeklärte und geistig bedeutende Menschen anlegen, vor denen hält es schwerer zu bestehen; sie zergliedern das Leben der Großen wie ein Anatom eine Leiche und werfen die Frage auf: War, was sie wollten, recht und edel? Waren sie gerechten Sinnes? Was hatte von ihnen die Welt: mehr Segen oder mehr Schaden? Stand ihr Mut unter der Vormundschaft ihrer Weisheit oder war er nur ein Ausbruch ihres Temperaments? Den Wert des Erreichten bemessen sie nach dem Werte der Beweggründe, beurteilen aber nicht die Beweggründe nach dem Erfolge. Mag das Laster in den schönsten Schein sich hüllen, sie lassen sich nicht blenden und geben den Preis des Ruhms nur dem Verdienste und dem Manneswert.

Was Machiavell groß und ruhmwürdig nennt, ist genau jener falsche Schimmer, der das Urteil der Masse besticht! Ganz im Geiste des Volkes schreibt er, und zwar des niedrigen, des gemeinen Volkes. Doch für ihn wird es ebenso unmöglich sein, mit dieser gewöhnlichen Denkweise den vornehmen Geschmack eines Mannes von höheren Ehrbegriffen zu treffen, wie es für Molière unmöglich war; wer den Misanthrop recht hochstellt, wird den Scapin um so tiefer stellen.

Das vorliegende Kapitel Machiavells enthält Brauchbares und Fehlerhaftes nebeneinander. Ich will zunächst die Verstöße aufweisen, um dann zu unterschreiben, was er an Nichtigem und Löblichem vorbringt. Zum Schluß will ich mir erlauben, zu einigen Fragen, die sich ungezwungen hier anschließen, Stellung zu nehmen. Für alle, die durch große Unternehmungen und seltene, außerordentliche Leistungen sich auszuzeichnen gedenken, stellt der

Verfasser als Vorbilder auf: Ferdinand von Aragonien und Bernhard von Mailand. Er findet das Wunder ohnegleichen in der Kühnheit eines Unternehmens und in der Schnelligkeit seiner Ausführung. Das ist etwas Großes, zugegeben; doch anerkennenswert vermag ich es nur so weit zu nennen, wie der Eroberer in den Grenzen des Rechts bleibt. „Du rühmst dich der Ausrottung der Räuber“, sagten die skythischen Gesandten zu Alexander, „und dabei bist du selber der größte Räuber auf Erden, hast du doch die Völker, die dir erlagen, insgesamt ausgeraubt und geplündert. Bist du ein Gott, so mußt du den Menschen Gutes tun und ihnen nicht entreißen, was sie besitzen; bist du ein Mensch, so vergiß auch niemals, daß du es bist.“

Ferdinand von Aragonien begnügte sich nicht damit, offen und ehrlich das Kriegshandwerk zu treiben, sondern er benutzte als Deckmantel für seine Pläne die Religion. War dieser König wirklich fromm, so beging er eine lästerliche Entweihung des Heiligen, indem er die Sache Gottes zum Vorwand nahm, um seinen wilden Leidenschaften zu folgen. War er nicht gläubig, so handelte er gar als Betrüger und Schuft, indem er durch sein heuchlerisches Tun den frommen Glauben des Volkes mißbrauchte, um seinen Machthunger zu stillen.

An zweiter Stelle führt Machiavell das Beispiel Bernhards von Mailand an zur Beherzigung für die Fürsten, damit sie daran lernen, ihre Belohnungen wie ihre Strafen so ins Werk zu setzen, daß es in die Augen fällt, damit all ihr Tun die Gebärde der Größe trage. Nun, Fürsten von edler Art kommen ohnehin schon zu Glanz und Ansehen, zumal wenn ihre Freigebigkeit, ohne selbstische Zwecke, einfach der Ausdruck ihrer Seelengröße ist. Herzensgüte wird ihnen leichter als jeder andere Vorzug den Weg zur Größe bahnen. Cicero sagte zu Cäsar: „Das Größte, was dein Glück dir gegeben hat, ist die Macht, so vielen Mitbürgern ein Retter zu sein; nichts, was deiner Güte würdiger wäre, als der Wille, es zu tun." Alle Strafen also, die ein Fürst verhängt, sollten hinter dem Maße der Kränkung, die er erfuhr, zurückbleiben, alle Belohnungen, die er spendet, hinausgehen über die

Bedeutung des Dienstes, den er empfing.

So unrichtig die eben betrachteten Ausführungen Machiavells sind, so zutreffend ist seine Warnung an die Fürsten, sich mit anderen Herrschern, die mächtiger sind als sie, leichtfertig zu verbünden, die, anstatt ihnen beizustehen, sie erst in den Abgrund stoßen könnten. Das wußte sehr wohl ein großer deutscher Fürst, gleich geachtet bei Freund und Feind. Die Schweden fielen in sein Land zur Zeit, da er mit allen seinen Truppen fern am Niederrhein stand, um den Kaiser in seinem Kriege gegen Frankreich zu unterstützen. Seine Minister rieten auf die Kunde von dem überraschenden Einbruch, den russischen Zaren zu Hilfe zu rufen. Der Fürst jedoch, scharfsichtiger als sie, erwiderte, die Moskowiter seien wie die Bären: wehe dem, der sie loskette; einmal freigelassen, seien sie schwer wieder an die Kette zu legen! Hochgemut nahm er das schwere Werk der Vergeltung auf seine eigenen Schultern, und er brauchte es nicht zu bereuen.

Eine Hand hält der Büste Machiavellis den „Antimachiavell" entgegen, wie einen Spiegel, in dem erst sein wahres Antlitz offenbar wird.

Ebenso verständig wie die Frage von Bündnissen behandelt Machiavell die der Neutralität. Alte Erfahrung lehrt, daß ein Fürst, der neutral bleibt, dadurch sein Gebiet rücksichtsloser Behandlung durch beide kriegführende Parteien aussetzt; seine Staaten werden das Kriegstheater, stets verliert er nur durch seine neutrale Haltung, ohne je einen greifbaren Vorteil dabei zu gewinnen.

Auf zwiefache Art kann ein Herrscher sich vergrößern: einmal durch Eroberung, wenn ein kriegerischer Fürst mit Waffengewalt die Grenzen seiner Herrschaft erweitert. Das andere Mittel ist die Tatkraft des betriebsamen Fürsten, der alle Werktätigkeiten und alle Wissenschaften in seinem Lande zur Blüte bringt, die es kräftiger und gesitteter zu machen vermögen. Unser Buch enthält von vorn bis hinten nichts als Betrachtungen über jene erste Art der Vergrößerung; reden wir doch auch einmal von der zweiten, die unschuldiger und gerechter ist und dabei ganz so gedeihlich wie jene.

Die für das Leben notwendigsten Tätigkeiten sind die Landwirtschaft, der Handel und der Gewerbfleiß; die Wissenschaften, darinnen der Menschengeist seine höchste Würde offenbart, sind die Geometrie, Philosophie, Astronomie, Redekunst,

Poesie und die Gesamtheit der sogenannten schönen Künste. Wie nun jegliches Land seine eigene Natur hat, so ruht die Stärke des einen in seiner Landwirtschaft, die anderer im Weinbau, hier in den Gewerben, da im Handel; auch gedeihen diese Fertigkeiten in manchem Lande wohl gleichzeitig nebeneinander.

Entscheidet sich nun ein Fürst für diese friedliche und freundliche Form der Machterweiterung, so wird seine nächste Aufgabe sein, sich um die gründliche Kenntnis der Natur seines Landes zu bemühen, um sich darüber klar zu werden, welche von jenen Erwerbsmöglichkeiten dort die aussichtsvollsten und welche demgemäß zu fördern am dringendsten die Pflicht gebietet. Den Franzosen und Spaniern ward das Fehlen des Handels fühlbar, und so sannen sie denn auf Mittel, den der Engländer zu vernichten. Sollte Frankreich damit Glück haben, so würde der Niedergang des englischen Handels seine Machtstellung in viel beträchtlicherem Maße heben, als es die Eroberung von zwanzig Städten und tausend Dörfern vermöchte, und England und Holland, die beiden blühendsten und reichsten Länder der Welt, würden dabei ganz allmählich zugrunde gehen, wie ein Kranker, der an Schwindsucht oder Auszehrung dahinsiecht.

Die Länder, deren Getreide- und Weinbau all ihren Reichtum darstellt, haben zweierlei zu beobachten: erstens sollen sie alles Land sorgfältig urbar machen, um jedes Fleckchen Erde auszunutzen; zweitens sollen sie auf jede Weise bedacht sein, den Absatz zu vergrößern und zu erweitern, ferner ihre Waren wohlfeil zu befördern und deren Preis nach Möglichkeit heraufzuschrauben.

Die Industrie bringt vielleicht jedem Staate am meisten Nutzen und Gewinn; denn sie befriedigt die Bedürfnisse und den Luxus der Einwohner, und auch die Nachbarn sehen sich genötigt, eurem Gewerbfleiß ihren Zoll zu entrichten. So wird auf der einen Seite das Geld im Lande behalten, auf der anderen muß es hereinströmen.

Stets war es meine Überzeugung, daß der Mangel an diesen Erzeugnissen eine Ursache mehr für die ungeheuren Auswanderungen aus den Nordlanden gewesen ist, so der Goten und der Vandalen, die so häufig die südlichen Länder überschwemmten. In jenen fernen Zeiten kannte man in Schweden, in Dänemark wie im größten Teile von Deutschland von allen Tätigkeiten nur den Ackerbau; der ertragfähige Boden war auf eine bestimmte Anzahl von Eignern verteilt, die ihn bebauten und ihren Unterhalt daraus zogen. Nun ist aber das Menschengeschlecht zu jeder Zeit von besonderer Fruchtbarkeit in jenen kalten Himmelsstrichen gewesen, und so gab es bald doppelt soviel Einwohner im Lande, als der Ackerbau ernähren konnte; da taten sich denn die jüngeren Söhne der Adelsgeschlechter zusammen, wurden notgedrungen zu Glücksrittern, überfielen fremde Länder und warfen dort die Besitzer hinaus. In der Geschichte Ost- und Westroms war es denn auch die Regel, daß die Barbarenhorden nichts begehrten als Grund und Boden zur Bebauung, um ihren Lebensunterhalt zu finden. Die Nordlande sind heut nicht weniger dicht bevölkert als damals, aber inzwischen hat der Luxus wohlweislich unsere Bedürfnisse vervielfältigt und damit den Anstoß zu gewerblicher Tätigkeit und zu all jenen Fertigkeiten in der Herstellung gegeben, von denen ganze Völker leben können, die sonst ihren Unterhalt auswärts suchen müßten.

Diese verschiedenen Mittel, die einen Staat zur Blüte bringen, sind der fürstlichen Weisheit anvertraute Pfunde; der Fürst soll damit wuchern, soll sie nutzbringend anlegen.

Das sicherste Kennzeichen dafür, daß ein Land unter weiser Leitung des

Glückes, der Wohlhabenheit und Fülle genießt, ist dann das Erwachen der schönen Künste und Wissenschaften; denn diese Blumen gedeihen nur auf fettem Boden und unter mildem Himmel; bei Trockenheit, beim Ungestüm nördlicher Winde sterben sie hin.

Nichts gibt einem Reiche mehr Glanz, als wenn die Künste unter seinem Schutz erblühen. Das Zeitalter des Perikles dankt seinen Ruhm ebenso dem Phidias, dem Praxiteles und zahlreichen anderen Großen, die damals zu Athen lebten, wie den

Schlachten, die dieselben Athener gewannen. Das augusteische ist bekannter durch einen Cicero, Ovid, Horaz und Virgil als durch die Ächtungslisten des grausamen Kaisers, der schließlich doch einen guten Teil seines Nachruhms der Leier des Horaz verdankt. Das Jahrhundert des großen Ludwig ist gefeierter um solcher Größen willen wie Corneille, Racine, Molière, Boileau, Descartes, Coypel, Le Brun, Regnaudin, als durch den über alles Maß gelobten Rheinübergang, die Belagerung von Mons, an der Ludwig in Person teilnahm, und die Schlacht bei Turin, die Marsin auf allerhöchsten Befehl den Herzog von Orléans verlieren ließ.

Die Könige ehren die ganze Menschheit in der Auszeichnung und Belohnung derer, die ihr am meisten Ehre machen; wer wäre das sonst als die überragenden Geister, die der Vervollkommnung unserer Erkenntnis, dem Dienste der Wahrheit sich weihen, die keinem irdischen Werte nachfragen, um das rein geistige Element zu immer höherer Vollendung zu steigern? Wie die Weisen die Leuchten der Welt sind, so sollten sie eigentlich ihre Gesetzgeber sein.

Glücklich die Herrscher, die selbst diese Wissenschaften pflegen, die da mit Cicero, dem römischen Konsul, dem Befreier seines Vaterlandes, dem Altmeister der Redekunst, denken: „Die Wissenschaft bildet die Jugend heran, bescheert den reiferen Jahren seinen schönsten Reiz; dem Glück gibt sie höheren Glanz, dem Unglück Trost; sie macht in unseren vier Wänden, im fremden Hause, auf der Reise, in der Einsamkeit, zu allen

Zeiten wie an jedem Orte die Wonne unseres Daseins aus.“

Lorenzo von Medici, der Größte seines Volkes, war für Italien der Friedebringer und zugleich der Erneuerer der Wissenschaften; sein redlicher Sinn gewann ihm das Vertrauen aller Fürsten insgesamt. Mark Aurel, einer der größten Kaiser Roms, vereinte Feldherrnglück mit der Weisheit des Philosophen; er hielt sich in seiner Lebensführung aufs strengste an die Sittenlehre, die er bekannte. Schließen wir mit seinem Wort: „Einem Könige, den

Gerechtigkeit leitet, ist die Welt ein Tempel, darinnen die guten Menschen als Priester des Opferdienstes walten.“

Ratgeber der Fürsten

Zwei Arten von Fürsten gibt es in der Welt: die einen wollen mit eigenen Augen sehen und die Regierung ihrer Staaten selber in der Hand behalten, die anderen verlassen sich ganz auf die Ehrlichkeit ihrer Minister und lassen sich von denen leiten, die Einfluß auf sie gewonnen haben.

Die Herrscher der ersten Gattung sind die Seele ihrer Staaten; auf ihnen allein ruht das volle Gewicht der Regierung wie die Welt auf den Schultern des Atlas. Sie regeln die äußeren wie die inneren Angelegenheiten, alle Verordnungen, Gesetze, Erlasse gehen von ihnen aus; sie füllen zur selben Zeit das Amt eines Justizministers aus, des Oberfeldherrn wie des Finanzministers, kurz, alles, was nur irgend für den Staat von Wichtigkeit sein kann, geht durch ihre Hand. Ihnen stehen zur Seite, nach dem Vorbilde Gottes, dem als die

Vollstrecker seines Willens geistige Wesen von höherer Art denn der Mensch gesellt sind, scharfsichtige und arbeitsfrohe Geister, um ihre Absichten auszuführen und im einzelnen zu verwirklichen, was sie in großen Zügen entworfen haben. Ihre Minister sind eigentlich nur Werkzeuge in der Hand eines weisen und geschickten Meisters.

Die Herrscher der zweiten Gattung sind, aus angeborener Trägheit oder weil ihnen der Genius fehlt, wie versunken in einen Abgrund von Gleichgültigkeit. Wie man nun einen

Ohnmächtigen durch starke ätherische und balsamische Gerüche wieder ins Leben zurückruft, genau so muß ein Staat, der infolge der Schwäche seines Herrn ohnmächtig daniederliegt, durch den Geist und das Feuer eines Ministers, der fähig ist, die Mängel seines Herrn zu ersetzen, wieder aufgerichtet werden. In diesem Falle ist der Fürst nur das Werkzeug seines Ministers, seine Bedeutung beschränkt sich höchstens darauf, vor dem Volke dem leeren Schemen der Königshoheit sichtbare Gestalt zu geben; seine Person ist für den Staat so entbehrlich, wie die des

Ministers unentbehrlich ist. Bringt für den Fürsten der ersten Art die rechte Wahl seiner Minister nur eine Arbeitserleichterung ohne erheblichen Einfluß auf das Wohl des Volkes, so hängt beim Fürsten der zweiten Gattung geradezu alles von dieser Wahl ab: das Wohl und Wehe des Volkes wie sein eigenes.

Es ist für einen Fürsten gar nicht so leicht, wie man meint, die Sinnes- und Gemütsart der Männer, die er für seinen Dienst ausersieht, recht zu ergründen; denn so schwer es dem Fürsten gemacht ist, sein inneres

Wesen vor den Augen der Welt zu verhehlen, so leicht hat es der einzelne, vor dem Auge des Herrn eine falsche Rolle zu spielen. Mit dem inneren Wesen der Höflinge ist es wie mit dem Gesicht geschminkter Frauen: mit vieler Kunst erreichen sie es, daß einer genau dem anderen gleicht. Könige sehen die Menschen niemals, wie sie in Wirklichkeit sind, sondern nur so, wie sie erscheinen wollen. Ein Mensch beim Hochamt im Augenblick der Weihe, ein Höfling bei Hof in der Gegenwart des Fürsten, und derselbe im Freundeskreise – jedesmal wird das ein völlig anderer

Mensch sein; der Cato des Hofes gilt als der Anakreon der Stadt; der Weise vor der Öffentlichkeit ist ein Narr daheim, und wer mit lauter Stimme ein großes prunkendes Wesen von seiner Tugend macht, vernimmt in seinem Innern die leise Stimme seines Gewissens, die ihn schmählich Lügen straft.

Doch hier handelt es sich nur um Verstellung gewöhnlicher Art. Nun laßt aber erst einmal selbstsüchtige, laßt ehrgeizige Zwecke mit dareinreden, laßt sie sich um eine erledigte Stelle drängen mit einem

Eifer, wie die zahlreiche Freierschar Penelope umwarb! Mit der Habgier eines Höflings wächst seine Dienstbeflissenheit für seinen Fürsten und seine Achtsamkeit auf sich selbst; alle Mittel der Betörung, auf die sein Geist verfällt, sind ihm recht, wenn es gilt, sich angenehm zu machen; er schmeichelt dem Fürsten, teilt seinen Geschmack, heißt seine Leidenschaften gut – ein Chamäleon, bereit, jede Farbe seiner Umgebung anzunehmen.

Ohne Mühe wird ein Fürst von Geist sich ein Urteil bilden über das Genie und die Fähigkeiten seiner Diener. Aber fast ein Ding der Unmöglichkeit ist es für ihn, ein rechtes Bild zu gewinnen von dem Grade ihrer Selbstlosigkeit und Treue; besteht doch gewöhnlich darin die ganze Kunst der Minister, ihre Ränke und Schliche vor dem geheim zu halten, der, wenn er dahinter käme, berechtigt wäre, sie zu bestrafen.

Oft erlebt man es, daß Menschen im Scheine der Untadligkeit dastehen, nur weil es ihnen an der Gelegenheit fehlte, sich als das Gegenteil zu entpuppen, daß sie aber, kaum daß ihre Tugend auf die erste Probe gestellt ward, auf alle Ehrbarkeit verzichteten. Ehe Tiberius, Nero, Caligula auf den Thron gelangt waren, wußte in Rom kein Mensch ihnen etwas Arges nachzusagen; wer weiß, ob nicht ihre Ruchlosigkeit in der Entwicklung steckengeblieben wäre, ohne die Gelegenheit, die ihr Luft machte, die gleichsam den Keim ihrer Niedertracht erst aufgehen ließ.

Es gibt Menschen, bei denen sich eine Fülle von Geist, Weltgewandtheit und Fähigkeiten zu dem schwärzesten, undankbarsten

Gemüte gesellt, und wieder andere mit allen Vorzügen des Herzens ohne jene lebendige und glänzende Treffsicherheit, die dem Genie eigen ist. Da haben denn kluge Fürsten gewöhnlich solchen Männern, bei denen die Gemütsseite überwog, den Vorzug gegeben für die Verwendung im inneren Staatsdienst; für ihre auswärtigen Verhandlungen dagegen bedienten sie sich lieber der lebhaften und feurigen Köpfe. Mit gutem Grunde, denke ich: handelt es sich nur um die Aufrechterhaltung von Ordnung und Recht im eigenen Lande, so ist Redlichkeit dafür

Bürgschaft genug; gilt es aber, den Nachbar durch Scheingründe hinters Licht zu führen, den Pfad des Ränkespiels zu beschreiten und sogar Bestechungen anzuwenden, wozu Gesandte im Ausland oftmals gezwungen sind, dann ist es mit der Ehrlichkeit nicht getan, das liegt auf der Hand, dann braucht es Witz und Geschmeidigkeit.

Ich meine, ein Fürst kann Treue und Diensteifer gar nicht genug belohnen eine Erkenntlichkeit, die uns schon unser natürliches Gerechtigkeitsgefühl zum unabweisbaren Bedürfnis macht. Außerdem aber gebietet es den Großen der eigene Nutzen, Dankbarkeit mit ebensoviel Hochherzigkeit zu üben, wie sie mit Milde strafen sollen. Kommt ein Minister dahinter, daß die Tugend gar kein so schlechtes Geschäft ist, so fühlt er sich ganz gewiß nicht mehr auf verbrecherische Streiche angewiesen und wird sich lieber die Wohltaten des eigenen Herrn gefallen lassen als die Bestechungen eines fremden. So begegnen sich hier durchaus die Forderung der Gerechtigkeit und die der

Weltklugheit, und wollte einer, statt großmütige Dankbarkeit zu üben, die Zuneigung seiner Minister auf eine gefährliche Probe stellen – ich weiß nicht, was dabei bedenklicher wäre: seine Herzlosigkeit oder sein Unverstand.

Manche Fürsten verfallen wieder in einen anderen Fehler, der ihrem wahren Vorteil genau so zuwiderläuft: sie wechseln ihre Minister mit bodenloser Leichtfertigkeit und ahnden mit übertriebener Härte die geringfügigsten Fehle. Arbeitet ein Minister unmittelbar unter den

Augen seines Fürsten, so kann dem Herrn nach einer geraumen Amtsdauer unmöglich entgehen, wo jener etwa versagt; je scharfsichtiger er ist, desto leichter kommt er dahinter. Da wird denn ein Herrscher ohne philosophische Besonnenheit gar bald die Geduld verlieren, wird außer sich geraten über die Schwächen seines Beamten, wird ihm seine Gnade entziehen, ihn fallen lassen. Ein Fürst, der tiefer denkt, kennt die Menschen besser: er weiß sie allzumal gezeichnet mit dem Mal der Menschlichkeit, wie es denn nichts Vollkommenes hienieden gibt;

er weiß, daß alle wertvollen Eigenschaften gewissermaßen durch große Mängel aufgewogen werden, und daß ein Genie aus dem Guten wie dem Schlechten seinen Vorteil ziehen muß. Aus diesem Grunde behält er lieber, wofern keine Pflichtvergessenheit im Spiel ist, seine Minister mit ihren guten wie ihren schlechten Eigenschaften bei, hält sich lieber an die, die er schon ausgeprobt hat, statt es mit neuen, die er vielleicht fände, zu versuchen. So wird ein Musiker von Verstand sein altes Instrument, dessen Vorzüge und Schwächen ihm geläufig sind, einem neuen von unbekannter Güte vorziehen.

Diplomatische Verhandlungen und gerechte Ursachen zum Kriege

Wir sahen, mit welchen Mitteln trüglicher Darstellung Machiavell in diesem Werke versucht, uns etwas vorzumachen, uns Verbrechernaturen als große Persönlichkeiten aufzuschwatzen.

Ich habe mich meinerseits bemüht, ihn zu widerlegen und die Welt, in der uns so oft ganz irrige Vorstellungen von der Staatskunst der Fürsten begegnen, eines Besseren zu belehren.

Da wies ich nach, daß es nur eine Fürstenweisheit gibt: sein Bestes zu tun und im Staate möglichst der Vollkommenste zu sein; daß des Fürsten eigenster Vorteil ein Leben nach Recht und Gerechtigkeit von ihm erfordere, damit ihm die peinliche Zwangslage erspart bleibe, an anderen verdammen zu müssen, was er sich selber als sein gutes Recht nachsieht. Mit glanzvollen Großtaten, die doch nur der Sättigung der Ehr- und Ruhmsucht dienen, ist gar nichts getan; jede Leistung für das Glück der Menschheit, jede Leistung, die drohendem Verderben vorbeugt, steht unendlich höher an Wert. Darin erkannte ich das einzige Mittel für einen Herrscher, seinen Namen und Ruf auf Felsengrund zu bauen und es sich redlich zu verdienen, daß sein Ruhm ungetrübt und unverdunkelt bis auf die fernste Nachwelt komme.

Nun will ich hier zwei Betrachtungen anschließen; die eine betrifft die Arten diplomatischer Verhandlung, die andere gilt der Frage: wie sieht wohl für einen Herrscher ein vollwichtiger Anlaß aus, um sich auf einen offenen Krieg einzulassen?

Gesandte, die von ihren Fürsten an fremden Höfen gehalten werden, sind privilegierte Spione zur Überwachung des Königs, bei dem sie weilen. Ihre Aufgabe ist, hinter dessen Absichten zu kommen, jeden seiner Schritte aufzuklären, all seinen Handlungen auf den Grund zu gehen, um den eigenen Herrn auf dem laufenden zu halten und ihn, sobald sie etwas wittern, was dem Vorteil des Gebieters Eintrag tun könnte, rechtzeitig zu benachrichtigen. Ein Hauptgegenstand ihrer Sendung ist die Pflege freundschaftlichen Einvernehmens zwischen den

Herrschern; freilich sind sie nur zu oft, statt Meister der Friedenskunst, Werkzeuge des Krieges. Sie wissen mit dem Köder der Bestechung die geheiligtesten Bande des Geheimnisses zu lösen; sie sind geschmeidig, gefällig, geschickt und verschlagen. Ihre Eigenliebe geht Hand in Hand mit ihrer Pflicht, und so dienen sie ihrem Herrn mit ganzer Hingebung.

Vor den Bestechungsversuchen und Kunstgriffen dieser Spione sollen Fürsten auf der Hut sein. Unbedingt muß die Regierung auf jeden ihrer

Schritte ein Auge haben und über sie unterrichtet sein, um jede ihrer Maßregeln vorweg erraten und ihren gefährlichen Folgen zuvorkommen zu können, auch jedes Geheimnis vor den Augen dieser Luchse hüten, dessen Offenbarung die Klugheit verbietet. Ins Unberechenbare aber wächst ihre immer vorhandene Gefährlichkeit mit der steigenden Wichtigkeit ihres Auftrags. Alsdann können die Fürsten gar nicht streng genug das Verhalten ihrer eigenen Staatsdiener im Auge behalten, ob nicht etwa bereits ein Danae-Regen ihre Tugendstrenge gebrochen hat.

In Zeiten ernster Entscheidungen, wo es sich um Verträge und Bündnisse handelt, muß die Klugheit eines Herrschers ganz besonders auf der Hut sein. Da soll er die Vertragspflichten, die er auf sich nehmen will, nach ihrer Tragweite in jeder Richtung prüfend zergliedern, ob ihre Erfüllung nicht etwa das Maß seiner Kräfte übersteige; da soll er sich die Verträge, die man ihm unterbreitet, nach allen Seiten genau auf ihre möglichen Folgen ansehen, ob hier auch eine Grundlage gefunden ist für seiner Völker Wohlergehen, ihren tatsächlichen Nutzen, oder ob es sich nur um einen Notbehelf des Augenblicks handelt, ein Machwerk der berechnenden List fremder Herrscher. Zu allen diesen Vorsichtsmaßregeln gehört aber auch eine gewissenhafte Prüfung aller Ausdrücke; da muß der wortklauberische Grammatiker den Vortritt haben vor dem gewiegten Staatsmanns, damit Geist und Wortlaut des Vertrages keine falsche Auslegung erfährt. Soviel ist gewiß, auch Große haben noch nie die Zeit bedauert, die sie an ein Wägen vor dem Wagen gewandt haben, weil sie in der Folge die Verbindlichkeiten, die sie eingegangen wären, nicht zu bereuen brauchten; zum mindesten hat, wer keinen Rat höherer Einsicht unberücksichtigt ließ, sich weniger Vorwürfe zu machen als der, der mit Feuer einen Entschluß faßte, um ihn mit Übereilung auszuführen.

Nicht alle Verhandlungen liegen in den Händen beglaubigter Gesandter; oft schickt man auch Leute ohne amtliche Eigenschaft an einen dritten Ort, um dort in völlig unverdächtiger Weise Vorschläge zu machen. Auf diese Art kamen die Präliminarien zum letzten Frieden zwischen dem

Kaiser und Frankreich zustande, ohne Vorwissen des Reichs und der Seemächte. Bei einem am Rhein angesessenen Reichsgrafen ward dies Abkommen getroffen.

Viktor Amadeus, gewandt und gewitzigt wie kein Fürst seiner Zeit, verstand sich ganz unvergleichlich auf die Kunst, seine Absichten in Dunkel zu hüllen. Mehr als einmal täuschte er die Welt mit seinen listigen Anschlägen, unter anderem, als der Marschall Catinat in einer Mönchskutte und unter dem Scheine priesterlicher Bemühung um das ewige Heil dieser Königsseele ihn der Partei des Kaisers abwendig und zu einem Anhänger der Sache Frankreichs machte. Die Verhandlung, immer unter vier Augen, ward mit solchem Geschick geführt, daß das neue Bündnis zwischen Frankreich und Sardinien den Staatsmännern jener Tage als unerwartetes, unerhörtes Ereignis erschien. Dies Beispiel führe ich nicht etwa an, um das Verhalten von Viktor Amadeus zu rechtfertigen; meine Feder verzeiht einem Könige so wenig Falschheit, wie sie einem Bürger Untreue nachsieht. Ich will nur darauf hinweisen, was Verschwiegenheit und Gewandtheit unter Umständen wert ist – Voraussetzung bleibt dabei immer, daß unsere Zwecke nicht unwürdig und unredlich sind.

So gilt denn als allgemeine Regel, daß Fürsten für schwierige Verhandlungen die überlegensten Köpfe auswählen sollen, Männer, die nicht nur über die nötige Verschlagenheit und Geschmeidigkeit verfügen, um sich überall leicht Eingang zu schaffen, sondern auch den rechten Blick haben, um die Geheimnisse des

Herzens aus dem Auge abzulesen, verstohlene Absichten der anderen aus ihren Gebärden, aus ihren scheinbar unverfänglichsten Handlungen, damit ihrem Spürsinne nichts entgehe und alles vor der Überlegenheit ihres Verstandes offen daliege.

Nur insoweit sollten Herrscher von Listen und Kunstgriffen Gebrauch machen, wie eine eben umschlossene Stadt sich der Leuchtkugeln bedient, das heißt, nur um die Pläne ihrer Feinde zu entdecken. Wenn sie im übrigen offen und aufrichtig vorgehen, werden sie unfehlbar das Vertrauen Europas gewinnen und ohne schändliche Mittel ihr Gedeihen finden, zu Macht und Bedeutung gelangen lediglich durch das, was sie persönlich wert sind. Alle Verhandlungen von Staat zu Staat haben naturgemäß nur einen Endzweck: das ist der Friede und das Wohlergehen des Landes. In diesem Mittelpunkt müssen alle Wege der Staatskunst immer wieder zusammenlaufen.

Die Ruhe Europas ist in erster Linie bedingt durch die Erhaltung eines weisen Gleichgewichts, das darin besteht, daß dem Übergewichte einzelner Herrscher die vereinigten Kräfte der anderen Mächte die Wage halten. Jede Störung dieses Gleichgewichtes beschwört die Gefahr einer allgemeinen Umwälzung herauf und des Emporkommens einer neuen Monarchie auf den Trümmern der Fürstentümer, die ihre Uneinigkeit schwach und kraftlos machte.

So scheint es eine Lebensfrage für die Fürsten Europas, niemals die Verhandlungen, Verträge und

Bündnisse aus den Augen zu verlieren, durch die die Aufrechterhaltung eines gewissen Gleichgewichts unter den machtvollsten Herrschern ermöglicht wird, und ängstlich alles zu vermeiden, was das Unkraut der Zwietracht zwischen ihnen aussäen könnte; denn früher oder später würde es sich zu ihrem Verderben auswachsen. Ausgesprochene Vorliebe und Abneigung für und wider die eine oder andere Nation, Vorurteile nach Frauenweise, Zank und Händel der einzelnen, kleine Sonderzwecke, Belanglosigkeiten dürfen niemals den Blick eines Mannes trüben, der ganzen Völkern ein Führer ist. Da heißt es, den Blick auf das Ganze richten und der Hauptsache ohne Zaudern Nebendinge zum Opfer bringen. Große Fürsten haben noch stets ihr eigenes Ich hinter dem einen Gedanken an das Staatswohl zurücktreten lassen; daß sie jeder Voreingenommenheit sich gewissenhaft entledigt haben, um ihrer eigentlichen Aufgabe um so ungeteilter zu gehören, versteht sich dabei von selbst. Die Abneigung der Nachfolger Alexanders, sich gegen die

Römer zu verbünden, erinnert an den Widerwillen mancher Leute gegen den Aderlaß; dabei kann eine Versäumnis ein hitziges Fieber oder Blutspeien zur Folge haben, wo dann oft gar kein Mittel mehr hilft. So ist in Staatsfragen ein unparteiischer, von keinem Vorurteil beirrter Geist ebenso vonnöten wie in der Rechtsprechung: dort, um auf Schritt und Tritt dem Gebot der Weisheit treu zu bleiben, hier, um niemals wider das Gebot der Gerechtigkeit zu verstoßen.

Die Welt wäre glücklich daran, bedürfte es keiner anderen Mittel als der Verhandlungen, um dafür zu sorgen, daß Recht Recht bleibe, und um den Frieden unter den Völkern immer wieder herzustellen. Dann gäbe es an Stelle der Waffen Gründe und Gegengründe, statt der Halsabschneidereien einen Austrag zwischen den Meinungen hüben und drüben. Es ist eine traurige Notwendigkeit, daß Fürsten sich einen letzten Weg offen halten müssen, einen Weg, der viel grausamer, verhängnisvoller und hassenswerter ist. Es gibt Umstände, da muß Waffengewalt die Freiheit der Völker wider die Unterdrückung durch Unrecht schirmen, Fälle, da wir im guten nichts ausrichten und der Unbilligkeit abtrotzen müssen, was sie uns weigert, Fälle, da die Fürsten, die geborenen Schiedsrichter der Völkerzwiste, diese nicht anders zu schlichten wissen als im Messen ihrer Kräfte, indem sie ihre Sache dem Schlachtenlos anheimstellen. In solchen Fällen wird zur Wahrheit, was so gewagt klingt: erst ein guter Krieg schafft und sichert einen guten Frieden.

Wir wollen uns nunmehr die Frage vorlegen, wann ein Herrscher einen Krieg verantworten kann, ohne sich über das vergossene Blut seiner Untertanen Vorwürfe machen zu müssen, wann es ohne zwingende Notwendigkeit und wann es aus Eitelkeit und Hoffart geschieht.

Von allen Kriegen die gerechtesten und unvermeidlichsten sind die Verteidigungskriege, sobald Feindseligkeiten ihrer Gegner die Fürsten zu wirksamen Gegenmaßregeln wider ihre Angriffe zwingen und sie Gewalt mit Gewalt abwehren müssen. Dann liegt in der Stärke ihres Armes aller Schutz wider die nachbarliche Begehrlichkeit, und alle Bürgschaft für die Ruhe ihrer Untertanen in der Tapferkeit der Truppen; und genau wie der im Recht ist, der einen Dieb, den er beim Einbruch ertappt, aus dem Hause jagt, so ist es eine Tat im Namen des Rechtes, wenn ein Großer oder ein König mit Waffengewalt einen Usurpator zwingt, aus seinen Staaten zu weichen.

Nicht weniger wohlbegründet als die genannten Kriege sind solche, mit denen ein Herrscher bestimmte Rechte oder bestimmte Ansprüche, die man ihm bestreiten will, behauptet. Über Könige gibt es keinen Gerichtshof, keine Obrigkeit hat über ihre Händel ein Urteil zu fällen, so muß denn das Schwert über ihre Rechte und die Stichhaltigkeit ihrer Beweismittel entscheiden. Das ist die Art, wie Fürsten ihren Rechtsstreit führen: mit den Waffen in der Hand. So zwingen sie, wenn es ihnen gelingt, ihre Neider, der Gerechtigkeit ihrer Sache die Bahn freizugeben. So dienen denn solche Kriege der Erhaltung des Rechtszustandes in der

Welt und der Verhütung der Völkerknechtung: das heiligt ihre Anwendung, ja macht sie unerläßlich.

Auch Angriffskriege gibt es, die ihre Rechtfertigung in sich tragen, ebenso wie die eben besprochenen: es sind das die vorbeugenden Kriege, wie sie Fürsten wohlweislich dann unternehmen, wenn die Riesenmacht der größten europäischen Staaten alle Schranken zu durchbrechen und die Welt zu verschlingen droht. Man sieht ein Unwetter sich zusammenziehen, allein vermag man es nicht zu beschwören, da vereinigt

Man sich mit allen den Mächten, die gemeinsame Gefahr zu Schicksalsgefährten macht. Hätten sich gegen die Römermacht alle übrigen Völker zusammengetan, niemals hätte jene so viele große Reiche zu stürzen vermocht; eine mit Weisheit entworfene Bundesgenossenschaft und ein Krieg, mit frischem Mut unternommen, hätten all jenen Plänen des Machthungers, deren Durchführung die Welt in Ketten schlug, vor der Zeit ein Ende bereitet.

Klugheit empfiehlt immer die Wahl des kleineren Übels und ein Handeln, solange man seines Handelns Herr ist. Besser also, zum Angriffskriege schreiten, solange man noch zwischen Ölzweig und Lorbeer zu wählen hat, als bis zu dem Zeitpunkt warten, wo alles so verzweifelt steht, daß eine Kriegserklärung nur noch einen kurzen Aufschub der völligen Knechtung und des Unterganges bedeutet. So quälend die Lage für einen Fürsten ist, ihm bleibt nichts Besseres, als seine Kräfte zu gebrauchen, bevor ihm die feindlichen Maßnahmen die Hände binden und ihm die Freiheit zu handeln nehmen.

Auch ein Bundesverhältnis kann Fürsten in die Kriege ihrer Verbündeten hineinziehen, wenn sie diesen die vertragsmäßig festgesetzten Hilfstruppen zufuhren. Da Fürsten nun einmal nicht ohne Allianzen bestehen können, weil nur selten oder nie sich einer aus eigener Kraft zu halten vermag, so verpflichten sie sich zu gegenseitiger Hilfeleistung in der Not, zu wechselseitiger Stellung von Hilfstruppen in ganz bestimmter

Zahl, eine Maßnahme, die der Erhaltung ihrer Stellung wie ihrer Sicherheit gleichermaßen dient. Erst der Gang der Ereignisse entscheidet darüber, wer von den Bundesgenossen die Vorteile ihres Verhältnisses genießt. Aber da die Gelegenheit, die heute dem einen Teilnehmer gewogen ist, morgen bei veränderter Sachlage dem hold sein kann, der die Hilfstruppen stellt, so ist es ein Gebot fürstlicher Weisheit, die Vertragspflicht heilig zu halten und sie mit peinlicher Sorgfalt zu erfüllen, um so mehr, als es im Interesse der Völker liegt, daß die Schutzmacht der

Herrscher durch solche Bündnisse verstärkt und dadurch den Feinden furchtbarer gemacht wird. So sind denn also alle Kriege, die, nach strenger Prüfung, der Abwehr eines Usurpators, der Aufrechterhaltung wohlverbriefter Rechte, der Sicherung der Freiheit der Welt, der Notwehr wider Bedrückung und Gewalttat durch die Ehrgeizigen dienen, in Übereinstimmung mit den Forderungen des Rechtes und der Billigkeit. Beginnt ein Landesherr einen Krieg dieser Art, so ist er unschuldig an dem vergossenen Blut: er befand sich in der Zwangslage, handeln zu müssen, und unter solchen Umständen ist der Krieg ein geringeres Übel als der Friede.

Der Gegenstand bringt mich von selbst auf die Fürsten, die mit dem Blute ihrer Untertanen einen niederträchtigen Schacher treiben. Ihre Truppen gehören dem Meistbietenden. Das ist die reine Versteigerung, wo die, die in Form von Subsidien das größte Angebot machen, die Soldaten dieser unwürdigen Landesfürsten zur Schlachtbank führen. Erröten müßten sie ob ihrer Verkommenheit, das

Leben von Menschen zu verkaufen, die sie landesväterlich beschützen sollten! Diese kleinen Tyrannen sollten die Stimme der Menschlichkeit hören, die einen solchen grausamen Mißbrauch der Macht verabscheut, die ihnen darum auch jede Würdigkeit abspricht, eine höhere Stufe einzunehmen und eine Krone zu tragen.

Über Religionskriege sage ich hier nur so viel, daß ein Herrscher alles daransetzen soll, sie zu vermeiden. Im übrigen ist kein Wort zu scharf für den verbrecherischen Mißbrauch, der sich für jegliches Tun die Worte: Gerechtigkeit und Billigkeit anmaßt, der sich der gottlosen Lästerung nicht schämt und mit seinem abscheulichen Machtstreben sich hinter den Namen des Höchsten steckt. Grenzenlose Verruchtheit gehört dazu, die Welt mit so dreistem Vorgeben betrügen zu wollen. Die Fürsten sollten wirklich mit dem Blute ihrer Völker einigermaßen haushälterisch umgehen und nicht durch unsinnigen Mißbrauch der Tapferkeit ihrer Krieger deren Leben verschleudern.

Der Krieg ist ein solcher Abgrund des Jammers, sein Ausgang so wenig sicher und seine Folgen für ein Land so verheerend, daß es sich die Landesherren gar nicht genug überlegen können, ehe sie ihn auf sich nehmen. Ich rede gar nicht von all der Unbill und den Gewalttaten, die sie an ihren Nachbarn begehen; ich beschränke mich nur auf das Unheil, das über ihre eigenen Untertanen hereinbricht.

Ich bin überzeugt, sähen die Könige einmal ein schonungsloses Bild von all dem Elend des Volkes, es griffe ihnen ans Herz. Doch ihre Einbildungskraft ist nicht lebendig genug, sich all die Leiden, die an sie in ihrer Stellung gar nicht herankommen, in ihrer wahren Gestalt vorzustellen. Man sollte einem Herrscher, den feuriger Ehrgeiz zum Kriege treibt, all das Verhängnis in seiner Gefolgschaft, das seine Untertanen auszubaden haben, einmal vor Augen rücken: die Steuerlast, unter der das Volk erliegt, die Aushebungen, die einem Lande seine gesamte Jugend hinwegnehmen, in den Heeren die ansteckenden Seuchen, wo

Tausende elendiglich zugrunde gehen; die mörderischen Belagerungen, die noch grausameren Schlachten, die Verwundeten, Verkrüppelten, die mit ihren Gliedern das letzte Mittel, ihr Dasein zu fristen, einbüßen; all die Waisen, denen das feindliche Eisen die genommen hat, die sie vor Todesgefahr zu decken wußten, sie, die nun ihrem Fürsten der Kinder Leben, alles, was die nährte und erhielt, zum Opfer gebracht haben; soviel dem Staate wertvolles Leben geerntet, ehe es reif ward! Kein Tyrann hat noch je solche Schrecknisse kalten Blutes zu begehen vermocht. Ein Fürst, der einen ungerechten Krieg anfängt, ist grausamer als ein Tyrann. Er bringt seiner ungebärdigen Leidenschaft das Leben, das Glück, die Gesundheit von Tausenden zum Opfer, die er beschützen und glücklich machen müßte, anstatt sie so leichtherzig den bittersten Heimsuchungen preiszugeben, vor denen die Menschheit zu bangen hat. Genug, die Walter und Herren der Welt können nicht vorsichtig und umsichtig genug jeden ihrer Schritte bedenken, können nicht sparsam genug mit dem Leben der Ihren geizen; denn jene sind nicht ihre Hörigen, sie sollen ihresgleichen in ihnen sehen, in gewissem Sinne sogar ihre Gebieter.

Ehe ich schließe, eine Bitte an die fürstlichen Leser: keiner darf sich durch die Freiheit, mit der ich hier zu ihm sprach, gekränkt fühlen. Aufrichtigen Herzens, ohne jemandem zu schmeicheln, nur der Wahrheit die Ehre zu geben, das war mein Bestreben. Ich habe von den jetzt regierenden Fürsten eine zu hohe Meinung, um sie nicht für würdig zu halten, die Wahrheit anzuhören. Vor Unmenschen, Tyrannen, vor einem Tiberius, einem Borgia muß man mit ihr zurückhalten: sie schlüge ihren Verbrechen, ihrer Schurkerei allzu grob ins Angesicht. Dank sei dem Himmel, unter den Herrschern Europas findet sich kein einziger Unhold dieser Art. Doch das wissen wir, wie sie selber auch, daß sie über Menschenschwachheit keineswegs erhaben sind, und das schönste Lob ist es für sie, wenn ich sage: vor ihnen darf man kühnlich alle Schuld der Könige geißeln, jeglichen Verstoß wider die Gerechtigkeit und wider menschliches Empfinden.

Gleichwie die Schlangen das Gift darstellen, das die Lehre Machiavellis in die Seele des Fürsten träufelt, so der Fuß, der der Schlange den Kopf zertritt, den „Antimachiavell“. Und der unermüdlichen Mahnung Catos, Karthago zu zerstören, die er jedesmal mit den auch in unserem Bilde wiederholten Worten: caeterum censeo einleitete, entspricht Friedrichs Aufforderung, in dem Kampfe gegen

Machiavellis Staatskunst nicht zu erlahmen.